Feminidad Pura

Crystalina Evert

2ª edición en español 2018

Feminidad Pura
Crystalina Evert
© 2018 por Totus Tuus Press, LLC.

Todos los derechos reservados. Con excepción de citas textuales, ninguna parte de este libro puede ser reproducida o retransmitida de ninguna forma o de ninguna manera, ya sea electrónica, o mecánica, incluyendo fotocopiado, grabaciones, cargado en Internet, o por cualquier medio de archivo, o sistema de reproducción, sin el consentimiento escrito de la editorial.

A menos que se indique lo contrario, las citas referentes a las Sagradas Escrituras están tomadas de la Biblia Clerus (2004) publicada por la Congregación para el Clero, Santa Sede Vaticano. Clerus.org.

Publicado por Totus Tuus Press, LLC.
P.O. Box 5065
Scottsdale, AZ, 85261
www.totustuuspress.com

Portada por Devin Shadt
Diseño del libro por Russell Graphic Design
Traducción al español por Zuleika Anne Simón Vargas-Cortés

Impreso en los Estados Unidos de América

978-0-9830923-6-0
978-1-944578-96-1 eBook

Nunca olvidaré el día que se alejó de mí por última vez. Lo único que podía pensar era "ese chico se está yendo con algo que nunca le perteneció en primer lugar, y que yo nunca recuperaré."

Yo tenía quince años y creía con todo mi corazón que era amor. Me dijo que si lo amaba, se lo debía demostrar. Así que lo hice. Al poco tiempo, él no quería pasar tiempo *conmigo*; estaba pasando el tiempo sólo con mi cuerpo. Después de eso, empecé a pensar: "Bueno, ya no soy virgen, así que ¿cuál es el punto de esperar hasta el matrimonio? Es demasiado tarde para mí". Después de esto, una relación vacía llevaba a otra, mientras yo buscaba el amor perfecto.

Toda mujer desea el amor, pero muchas de nosotras hemos salido heridas y hemos renunciado a nuestra búsqueda por el amor verdadero. Empezamos a decirnos a nosotras mismas que el amor no existe, o que no lo merecemos.

Así que he titulado cada una de las veintiuna secciones de este libro según alguna de esas excusas, dudas, inseguridades y temores que pudieran alejarte del amor que Dios tiene pensado para ti. Tal vez te hayas dicho todas estas, o quizás solo unas cuantas. Pero en la medida que sigas creyendo estas mentiras, seguirás preguntándote por qué el amor parece tan difícil de encontrar.

La verdad es que tu anhelo por el amor está en ti porque así es como te creó Dios. Estás hecha para amar, Él quiere que seas amada, y Él te enseñará el camino que conduce al amor si tú se lo permites.

"Los chicos no quieren una chica pura"

"Ella es una diversión por ahora, pero nunca la traería a casa para presentársela a mi mamá, ni me casaría con ella". ¿Has escuchado eso alguna vez? Muchos chicos quieren la chica fácil ahora, pero planean sentar cabeza y casarse con un ángel una vez que se les pase su etapa descontrolada. Por eso, las chicas se sienten sin suerte de cualquier modo: o le dan a los chicos lo que quieren, obteniendo su atención ahora, y son descartadas, o se mantienen puras pero con el miedo de quedarse solas durante los próximos diez años. Muchas deciden quedarse a la mitad y encontrar algún término medio, solo para terminar sintiéndose usadas y solas.

¿Cuál es la solución?

La autora Wendy Shalit, de veinticuatro años, recordando los consejos de sus amigas universitarias, escribió:

"Tendrás muchos hombres en tu vida, todas predijeron. Tu cuerpo no está tan mal, tu cara no es tan fea. Ya verás, ya verás. Te irá muy bien en el mercado. Confía en nosotras. Solo 'ponte una falda más corta o algo por el estilo', deja de 'esconderte', deja 'de tomar todo tan en serio', y ya 'verás como los hombres…' En ese momento yo me desconecté; dándole vueltas en mi mente a este asunto de *'tendrás muchos hombres.'* ¿Era un cumplido?, me preguntaba, ¿o una condena? Si eres como yo, alguien que espera tener—¿me atreveré a decirlo?—no muchos hombres, sino uno solo, entonces es una condena. *'Tendrás muchos hombres'*. Pues, gracias por la generosa oferta, pero, ¿tengo derecho a declinarla?[1]

Esta mujer sabía lo que anhelaba su corazón, y no se conformaría con menos. Cuando se trata de nuestros estándares y expectativas, obtenemos aquello con lo que nos conformamos.

Por eso, pregúntate a ti misma: "¿Soy una cita de una noche o soy pareja del alma? ¿Soy una chica 'por ahora' o una chica 'para siempre'?" ¿Qué chico quiere una chica pura? Todos. El problema es que la mayoría de los chicos no quieren ser puros. Así que no cedas tú para provecho de ellos. Nunca tengas miedo de que algún chico te vaya a abandonar a menos de que le des algo sexual. Deja que *él* tenga miedo de perderte *a ti* a menos de que sepa respetarte.

"Si tan solo tuviera el cuerpo como *ella*"

Al sonar la campana del almuerzo, nosotras nos reunimos en nuestra mesa de siempre. Después de una conversación superficial, era inevitable hablar sobre la comida. Rachel había desayunado una barra de granola con agua y, ahora en el almuerzo, se estaba dando el lujo de comer una tortita de arroz inflado. Cargaba un cuaderno donde contaba cada caloría. Ashley se compraba ropa varias tallas más chicas para motivarse a que le quedaran. Mientras tanto, yo tenía recortes de modelos de revistas pegados al espejo de mi baño.

No importa qué tan delgadas nos pusiéramos, nunca estábamos satisfechas con lo que veíamos en el espejo. Era una cosa tener un novio abusivo, pero era otra tener una mente abusiva. Así como un cuervo picotea un animal muerto, yo picoteaba todas mis imperfecciones. Lo único que veía cuando me miraba, eran las cosas que deseaba poder cambiar.

Esta era la vida entre la gente popular. Odiábamos nuestros cuerpos, constantemente nos comparábamos con otras, y caminábamos por toda la escuela sonriendo todo el día. Entre todas las pastillas de dieta y la vomitadera de alimentos, de alguna manera lográbamos convencernos a nosotras mismas que estábamos logrando el control de nuestras vidas y nuestros cuerpos. La verdad es que nos estábamos volviendo esclavas de nuestras inseguridades.

Entre más miserables nos volvíamos por dentro, más obsesionadas—y disgustadas—nos sentíamos con nuestra apariencia. Todas pensábamos: "Si tan solo tuviera el cuerpo como *ella*, entonces todos mis problemas desaparecerían". Porque poníamos nuestro valor personal en nuestra apariencia, nuestros corazones nunca estaban en paz.

¿Por qué nos sometíamos a esto? ¿Por qué alguien haría algo así? Solo una cosa puede motivar a alguien a llegar a tales extremos: el deseo de amor. ¿Por qué nunca nos dimos cuenta que la chica con el cuerpo más perfecto de la escuela aún no había encontrado el amor perfecto?

Llegó un momento en el que yo tuve que dejar de culpar a los chicos, a las revistas y a los medios de comunicación de mis inseguridades. Me había convertido en mi peor enemiga. Cuando me sentía tentada a menospreciarme, tenía que detenerme. Tenía que rezar. En vez de compararme con los demás—cosa que solo causa inseguridad—intenté ver por primera vez si tenía algunas cualidades buenas.

Enfocarme en mis cualidades buenas fue más difícil de lo que pensé. No era cuestión de solo "dejar de pensarlo". Años después, aún sigue siendo una batalla diaria. Pero la diferencia es que en vez de pasivamente guardar las inseguridades y alimentarlas, decidí ofrecérselas a Dios, dejar de autocriticarme, y hacer algo al respecto. En vez de quejarme de mi figura, empecé a practicar *kickboxing*. En vez de estar obsesionada con verme perfecta en mis pequeños trajecitos, empecé a vestirme con modestia y descubrí la seguridad que viene con el respeto a mí misma.

Así que no desperdicies tu energía y juventud destruyéndote a ti misma. Por primera vez, haz algo por ti. De una vez, encuentra tu pasión en la vida, y ayuda a edificar el mundo y el reino de Dios.

"Si él tiene una imaginación impura, es su problema"

Los pantalones de mezclilla a la cadera, las camisetas que enseñan el ombligo, las blusas pegaditas. Claro, nos gustaba la sensación de que los chicos nos miraran, pero luego nos quejábamos cuando les interesaba solo una cosa. Nos quejábamos, pero no estábamos dispuestas a arreglar el problema. Después de todo, los trajecitos que vestíamos no los invitaban a mejorar. Lo único que querían era lo que nosotras seguíamos anunciando.

Las mujeres tenemos poder. Con la manera en que nos vestimos, la manera en que bailamos, y la manera en que nos portamos, podemos invitar a un hombre a ser un caballero o una bestia. Así que si una chica quiere que un chico aprecie su inteligencia y su personalidad, le conviene no distraerlo con el arete en el ombligo.

La pregunta es: "¿Qué es lo que realmente quiero? ¿Es más emocionante ser amada por un hombre o que muchos se queden boquiabiertos al verme?". Para las que somos lo suficientemente atrevidas para preferir el amor de un solo hombre, la modestia es una invitación silenciosa para que los chicos sean lo suficientemente hombres para ganar nuestros corazones. Es una invitación para que los chicos consideren que tenemos mucho más que ofrecer que solo nuestros cuerpos. Es por eso que a la modestia se le llama el guardián del amor. Sin necesidad de decir una sola palabra, establece el estándar de respeto. Pero nunca convenceremos a un hombre de nuestra dignidad si es que primero no estamos convencidas nosotras mismas.

La modestia no se trata solo de cuestiones externas, porque la manera en que nos vestimos es un signo de lo interior. Es decirle al mundo que no necesitamos exponernos visualmente ante los chicos para obtener su atención. Claro, tenemos el poder de hacerlos voltear. Pero también tenemos el poder de voltear sus corazones. Podemos voltear esos corazones hacia el cielo o hacia nosotras. Pero cuando los hacemos voltear hacia las partes de nuestros cuerpos, los estamos invitando a "amarnos" por la razón equivocada.

Lo que conquistó a un chico, es lo que hace que se quede. Si fue el cuerpo lo que lo atrajo, se quedará por el cuerpo (al menos hasta que se aburra o pierda el respeto).

Necesitamos redescubrir lo que las mujeres han sabido por miles de años: hay un atractivo más profundo en lo que *no* se ve. Para ponerlo de manera sencilla, la pureza es hermosa. La pureza corona la belleza natural con el misterio. Aún después del matrimonio, la pureza y la modestia mantienen el poder de cautivar el corazón de un hombre—solo que se revisten de un nuevo sentido.

Proverbios 5:17-19 dice: "Que ellas sean para ti solo, y que no haya extraños junto a ti. ¡Bendita sea tu fuente, y encuentra tu alegría en la mujer de tu juventud, cierva amable, graciosa gacela! Que en todo tiempo te embriaguen sus amores y estés siempre prendado de su afecto".[2]

Cuando el pasaje dice que el amor de la esposa "embriaga" a su esposo, la palabra original en hebreo puede ser traducida como "intoxica".[3] Dios conoce el poder de los afectos de una mujer, y la sola imagen de tu cuerpo se reviste de un gran misterio cuando "no es para extraños".

"Los chicos siempre serán chicos"

Estoy de acuerdo. Los chicos siempre serán chicos. ¿Pero acaso no quieres un hombre?

Si no esperamos más, nunca obtendremos más. Cuando empezamos a poner pretextos para defender a los chicos, diciendo cosas como "es que los chicos tienen necesidades", estamos renunciando a nuestro poder de ayudarles a ser mejor. Simple y sencillamente, somos las mujeres las que enseñamos a los hombres cómo tratarnos.

Un señor mayor lo expresó de la mejor manera: "Yo he visto muchas generaciones pasar, y todos los chicos han sido iguales: dicen palabras dulces para convencer a las chicas que hagan cosas con ellos. Pero esta generación de mujeres es diferente. Son suficientemente tontas para dejarlos salirse con la suya."

Son palabras muy duras, pero tristemente verdaderas. La verdad es que todo chico tiene la capacidad de ser un caballero puro. Pero, ¿por qué ha de tomarse la molestia? Si puede obtener todos los beneficios físicos del matrimonio, sin necesidad de saber ni siquiera el apellido de la chica, no esperes que le proponga matrimonio en algún momento cercano (mucho menos cortejarla con romance verdadero). Hemos eliminado gran parte de su motivación. Todo lo que el chico tiene que hacer es comprarle a la chica una cerveza y decirle que está bonita, y empieza el ligue.

Podemos seguir culpando a los chicos o hacer algo al respecto. En vez de criticar a los hombres, podemos tener el valor de sacar lo mejor de ellos.

Te sorprenderás de lo que los chicos son capaces cuando una chica tiene la suficiente fortaleza para esperar que él la trate con dignidad.

"Los chicos buenos no existen"

Desde que yo era niña, soñaba con encontrar al chico perfecto. Tristemente, antes de tener mi permiso para manejar, ya había renunciado a la búsqueda. En cambio, puse toda mi energía en mantener la ilusión de que mi novio actual era perfecto. Ignoraba sus faltas o no les hacía caso. Había muchas señales de alerta, pero seguí adelante de cualquier manera, enfocándome únicamente en lo bueno, de manera que los problemas quedaron en la oscuridad. No me defendía porque pensaba que afectaría mis oportunidades de mantener a este chico "perfecto".

Recuerdo haber pensado: "Cuando mi futuro esposo y yo nos conozcamos, él y yo nos contaremos nuestras historias, y nos reiremos de todo esto. Estoy segura de que él está haciendo las mismas cosas que yo estoy haciendo". No necesito contarles lo sorprendida que quedé cuando por fin conocí a mi futuro esposo. Él aún era virgen y a los veinticuatro años todavía estaba esperando—por mí.

Fue entonces cuando me di cuenta que las malas relaciones que había tenido en la escuela preparatoria habían sido el resultado natural de mi visión de la vida. Tenía una total falta de confianza en Dios. No pensé que Él tuviera un plan para chicas como yo, así que me aferraba a cualquier cosa que pareciera amor en ese momento. Todos los chicos parecían estar interesados en la misma cosa. Así que en vez de confiar en Dios, baje mis estándares por desesperación y supuse que los chicos decentes ya no existían.

Cuando se trata de encontrar chicos decentes, tal vez necesitemos empezar a hablar acerca de dónde *no* se van a encontrar. Después de una reciente charla sobre la pureza que mi esposo dio en una escuela preparatoria, un pequeño grupo de chicas se le acercó. Una preguntó lo que todas querían saber: ¿A dónde debemos ir para encontrar un chico decente?

Mi esposo empezó preguntándole acerca de su vida. Ella dijo que estaba saliendo con un chico, pero que él vendía drogas, tomaba mucho, decía muchas groserías, y sus papás lo detestaban. Sus amigas comentaron acerca de lo malos que son la mayoría de los chicos y dieron un ejemplo: "Los chicos en las fiestas han sido muy majaderos últimamente. Hace un par de fines de semana, se acercaron a una chica y le vaciaron una cerveza en la cabeza. Todas estaban realmente enojadas, ¡y luego lo volvieron a hacer la semana siguiente y otra vez este fin de semana pasado!" Mi esposo les preguntó: "¿Qué van a hacer este próximo fin de semana?" La respuesta fue: "Vamos a ir a una fiesta".

Hmmmm.

Aceptémoslo. Las mujeres deseamos el amor, la aprobación y la aceptación de los hombres. Los hombres desean lo mismo de las mujeres. Solo basta con mirar la portada de cualquier revista para hombres, o mujeres, con sus ofertas de "436 maneras de llamar la atención del sexo opuesto".

Esas revistas probablemente no estén ofreciendo buenos consejos, pero entienden la idea. Es la manera que Dios nos hizo, hombre y mujer, para ser un don el uno para el otro.

Algunas mujeres que se consideran "independientes" y "liberadas" niegan que necesiten la aprobación de los hombres. Lo consideran como una debilidad. Tal vez porque han visto a los hombres aprovecharse de las mujeres, confunden la vulnerabilidad de estar abiertas al amor con la debilidad. En realidad, se requiere fortaleza, sabiduría, confianza y valor para estar abiertas a los riesgos del amor. No es debilidad desear el amor. La debilidad aparece cuando nos conformamos con algo menos que amor.

También tenemos que recordar que ningún hombre puede satisfacer completamente nuestro anhelo de ser aceptadas. En última instancia, eso solo puede ser satisfecho por Dios, cuyo profundo amor por nosotros debería mostrarse a través de nuestros padres y, en especial, en el caso de Dios Padre, a través de nuestro papá. Desafortunadamente, cuando eso no sucede, muchas veces tratamos de aumentar nuestra autoestima a través de relaciones con los chicos. En vez de dirigir la mirada hacia nuestro Padre Celestial, buscamos novios para llenar ese vacío. Pero la Biblia nos dice: "Aunque mi padre y mi madre me abandonen, el Señor me recibirá" (Sal. 27:10).

Estoy segura que has visto esas camisetas llamativas o calcomanías para coche que dicen "Princesa". Es como si todas tuviéramos el anhelo de ser adoradas y queridas como una princesa. Ese deseo de ser queridas está escrito en nuestros corazones, porque nuestro Padre Celestial es el Rey, y la hija del Rey es verdaderamente una princesa.

Ya había escuchado eso antes, pero nunca lo asimilé porque no estaba rezando. Cuando por fin permití a Dios amarme tal como era, empecé a conocer la dignidad y el respeto que yo merecía como hija del Rey.

Tal vez tardemos un poco en asimilar todo esto, pero cuando lo hagas, tus relaciones con los chicos serán un *reflejo* del amor del Padre, en vez de un *reemplazo* de él. Mientras tanto, si quieres conocer a un buen chico, involúcrate en cosas que los chicos buenos hacen. Mejor aún, *en vez de buscar al hombre ideal, conviértete en la mujer ideal y deja que él te busque a ti*. Mantén tu mirada en Dios y sabrás que cuando se trata de encontrar a un chico decente, la chica paciente se lleva el premio.

"Mientras siga siendo virgen . . ."

"Bueno, haré *esto* con él, pero no haré *aquello*". Todos mis grandes errores empezaron con pequeñas concesiones. "Aún seré virgen, así que no es tan grave". Y luego un poquito más. Luego la conversación importante. "Creo que llegamos demasiado lejos". "Sí, necesitamos asegurarnos de no hacer eso otra vez". Claro que ese límite no dura mucho tiempo, y, tarde o temprano, los límites anteriores se vuelven escalones hacia el sexo.

Pronto, no queda otra cosa más que el sexo. Por todo lo que ya ha pasado, dar marcha atrás no parece una opción. Ahí es cuando empieza la racionalización: "No es tan grave. Todo el mundo lo hace. Vamos a permanecer juntos. Esto es amor".

Una señal de que estás haciendo algo mal es cuando empiezas a pasar mucho tiempo tratando de convencerte que lo que estás haciendo está bien. Eso es un signo de que tu conciencia está intranquila.

Dios hizo nuestros corazones para el amor, así que el amor trae paz. Pero la lujuria provoca estrés. De repente, pensamos: "Yo sé que no debería de estar haciendo esto, pero, ¿cómo me detengo? Bueno, será solo esta vez".

No habrá paz hasta que haya amor total. Yo viví con un miedo constante e ineludible de quedar embarazada, de ser descubierta, de contraer alguna enfermedad y de ser usada. Algunas veces el miedo era aplastante, y, en otras ocasiones, era el más leve susurro en el fondo de mi mente. Pero siempre estaba presente. Empecé a adormecer mi conciencia y a valorar el don de mi cuerpo cada vez menos. Al paso del tiempo, esas pequeñas concesiones resultaron en la pérdida de mi virginidad. Era solo cuestión de tiempo, considerando la gente con la que había decidido pasar el tiempo.

En mi círculo de amigas, la virginidad era considerada una vergonzosa falta de experiencia. Te hacía sentir como una santurrona o alguien que no podía conseguir una cita. Era prácticamente una maldición. No recuerdo haber escuchado ni una sola vez que la virginidad era el don más bello que podrías darle a tu esposo. Perderla se consideraba como un logro, una iniciación a la vida de mujer y a la vida real. Lamentablemente, algunas de mis amigas lo consideraban como un "trago amargo que tienes que pasar y ya".

Nos burlábamos de las vírgenes en público, pero yo secretamente las respetaba y admiraba, deseando estar en su lugar. En cualquier momento, ellas podrían ser como yo, pero yo no podría jamás recuperar lo que ellas tenían.

Así que, ¿cuál debe de ser nuestro estándar como mujeres? Amar y respetarte a ti misma, glorificar a Dios con tu cuerpo y evitar hacer con un chico cualquier cosa que no te gustaría que alguna chica hiciera con tu futuro esposo.

Cuando se trata de marcar el límite, entiende que los límites que se establecen y restablecen, una y otra vez, no son realmente límites. La pureza es un reto para toda pareja, pero hay una gran diferencia entre luchar por la pureza y dejarse dominar por la lujuria. Solo cuando ambas personas ven la pureza como objetivo podrán ser libres para construir una relación basada en el amor verdadero, con Dios en el centro. Si las dos personas no comparten este objetivo, frecuentemente uno presiona al otro. Algunas veces la presión es obvia. Más frecuentemente, es sutil: el chico no fuerza los límites agresivamente; solo se porta con dulzura y toma todo el placer sexual que ella esté dispuesta a darle.

Lo que muchas chicas no se dan cuenta es que una vez que el chico está sexualmente excitado, sus deseos no estarán satisfechos hasta que pruebe todo. Y luego, una vez que ya haya probado *todo* con una chica, aún no está satisfecho y quiere probar a *todas*. A veces las chicas se lo permiten (incluso lo inician) por un deseo de sentirse más cerca de él. Sin embargo, la cercanía dura solo lo que dure el placer.

Una vez que entregas tu virginidad, todo cambia. Sientes como si un pedazo de ti se ha muerto, y, lo que alguna vez esperabas que fuera amor, queda distorsionado. Todo el mundo habla acerca de lo difícil que es decir que no, pero nadie te dice lo difícil que es cuando dices que sí. Además, la pureza demuestra integridad. No estás excitando al chico para luego frenar repentinamente. En vez de eso, lo estás invitando a amar. Si huye del reto, entonces te conviene estar sin él.

"No voy a tener sexo hasta que esté lista"

Yo calculaba que si un chico se podía aguantar seis meses sin tener relaciones sexuales, entonces sí me amaba. Ahora miro hacia atrás y pienso: "¿Seis meses es el precio que le puse a mi cuerpo? Seis meses de su tiempo y llamadas telefónicas, ¿eso es amor?".

Al decidir no tener sexo hasta estar "listos" o hasta estar "realmente enamorados", lo que pasa es que estamos tratando de determinar el momento apropiado para tener relaciones sexuales basadas en la intensidad de nuestras emociones. Claro, tal vez nos sintamos listos en seis meses, ¿pero dónde va a estar él en doce meses? Si decimos que no vamos a tener relaciones sexuales hasta conocer al "chico perfecto", lo que estamos pensando es que el único error sería acostarse con el chico *equivocado*.

Los estándares basados en emociones no vienen con una guía clara, y los estándares indefinidos se vencen fácilmente. Pero si el estándar es "el sexo es para el matrimonio", entonces no hay discusiones sobre cuándo existe el matrimonio: o es tu esposo o no lo es.

Si un hombre ama a una mujer, la esperará. No solo eso, esperará *con* ella, porque tiene los mismos valores y se enfocará en cuidar la pureza de ella tal como la suya. Pero ten cuidado. Algunos chicos actúan como si estuvieran de acuerdo con esta cuestión de la castidad, pero en tres semanas regresan a lo mismo. Allí es cuando tú tienes que tener el valor de terminar esa relación. Ese chico no solo no merece tu cuerpo— ni siquiera merece tu tiempo.

Sin embargo, guardar tu pureza es solo la mitad de la batalla. Muchas veces las mujeres no tienen límites con sus emociones. Lo que quiero decir es que frecuentemente damos nuestros corazones tan rápido, que estamos emocionalmente casadas con el chico después de unos meses. Toda la conversación sobre estar juntos para siempre no solo hace más difícil la pureza física, sino que hace que las rupturas se sientan más como divorcios.

A veces involucrarse muy pronto y muy profundo en la relación con un chico es una señal de una falta de relaciones profundas con otras personas. A veces es una señal de un deseo desesperado de amor. La solución es enfocarse en profundizar nuestras amistades y, mientras tanto, proteger nuestros corazones.

Una cosa es conservar tu cuerpo para tu esposo, y otra es guardar tu corazón para él también. Un hombre dijo: "Si estoy interesado en una chica, puede ser frustrante si no se interesa en mí enseguida, pero en lo más profundo, estoy más intrigado por el reto de ganar su corazón".[4]

Proteger tu corazón no quiere decir construir muros a su alrededor; significa tener la confianza para tomarte el tiempo necesario para permitir que el amor florezca. Como la canción de amor de la Biblia que dice: "No despertarán ni desvelarán a mi amor, hasta que ella quiera" (Cant. 3:5).

"Si digo que no, podría perderlo"

Recientemente, en una encuesta de educación sexual en salones de escuelas preparatorias, se preguntó a las chicas cuál era su pregunta más importante sobre la sexualidad. Al contrario de lo que los profesores esperaban, sus preguntas no eran sobre anticonceptivos ni enfermedades de transmisión sexual. Las chicas querían saber cómo decirle que no a un chico sin herir sus sentimientos. Claro, no querían herir sus sentimientos, pero en el fondo estaba una preocupación secreta: tenían miedo al rechazo.

Yo sé cómo se siente esto. Recuerdo haber cedido a la presión de un novio porque si le decía que no, nos pelearíamos. Todo en mi corazón me decía que no. Yo sabía que a veces él me veía como algo a conquistar, pero trataba de no pensar en eso. Me convencía a mí misma diciendo: "Bueno, yo lo amo, y esto lo mantiene contento. Y no es como si no lo hubiéramos hecho antes. Además, no quiero que rompamos después de haberle dado tanto".

Creo que una chica lo dijo de la mejor manera al decir: "Me sentí extraña y, de cierto modo, usada. Es como si los dos estuviéramos cuidando a la misma persona—a él. Me sentí excluida".[5]

Sentirse de esa manera era una señal muy clara de que debía dejarlo, pero no lo hice. Sentía que no podía. Tenía un miedo tan profundo de que si lo dejaba, me perdería del amor. No podía ver que ya me estaba perdiendo del amor al quedarme con alguien que quería el sexo más de lo que me quería a mí.

Una chica sabe que está siendo usada cuando se distrae y racionaliza todo. Se concentra en lo que *no* está haciendo, y no se da cuenta de lo que *sí* está haciendo. Tiene miedo de decir que no y de poner los límites, porque sería una prueba de amor para él, y sabe que él no pasaría la prueba. En el fondo, tiene miedo de gustarle solo por el placer que le da a él. Entonces, ella así sigue, satisfaciendo sus "necesidades" y soñando con que las cosas cambien.

Pero *la pureza nunca arruina las relaciones amorosas*. Si la relación está basada en la lujuria, la pureza terminará con ella. Pero si la relación está basada en el amor, la pureza la rescatará. Una chica de preparatoria dijo: "Desde que mi novio y yo tomamos un paso atrás he aumentado mi respeto por él. Nos hemos acercado más, nos respetamos más, sabemos que estamos haciendo lo que Dios realmente quiere, hemos crecido en nuestro amor, y nos divertimos mucho más cuando estamos juntos". Y todo se debe a que eliminamos la tensión de todas las cuestiones físicas".

La pureza es amor. En las palabras de otra jovencita: "Mi amor por él es tan fuerte que no quiero comprometer su dignidad. ¡Yo tengo la intención de ser su esposa!".

Las chicas que toman en serio la búsqueda del amor deben hacerse fuertes, como estas mujeres. Imagínate si todas las mujeres en el mundo empezaran a ser puras y respetar su cuerpo y a su futuro esposo. Claro, muchas no tendrían citas este fin de semana, pero los chicos se darían cuenta muy rápidamente que si quieren compañía femenina, tendrán que ser caballeros.

Al valorar su propia pureza, la chica puede ayudar al chico a entender que su cuerpo es un tesoro a valorar, no alguna meta a conquistar.

Cuando se trata de decir que no, la habilidad de rehusar no empieza cuando ya estás compartiendo intimidad física con un chico y él quiere probar algo nuevo. Decir que no, quiere decir que no te pones en esa situación en primer lugar. Podrías empezar con decir 'no' a salir con ese chico del todo. Tienes que empezar diciendo no a las malas relaciones—y a los ligues insignificantes—antes de que empiecen.

Cuando una relación empieza de la manera correcta—con una larga amistad y centrada en Dios— probablemente no haya necesidad de decirle que no al chico: él será suficientemente un hombre de Dios para llevarte por el camino de la pureza. Encontrar un hombre así no es un sueño ridículo. Es un estándar.

Si un chico sigue tratando de hacer cosas sexuales, después de que la chica le dijo que no, y ella no termina su relación con él, le está enseñando a faltarle el respeto. Después de todo, si ella tiene que ceder algo sexual para mantenerlo, lo va a perder de todas maneras porque él no la ama realmente. Él solo está tratando de conseguir lo que quiere, desgastando el compromiso de ella con la pureza, usando su encanto, ira, amenazas, afecto, haciéndola sentir culpable—o lo que sea.

Si realmente te ama, no te presionará.

Yo conozco a una chica adolescente que eliminó el sexo de su relación. Ahora su novio le compra una rosa blanca al principio de cada mes como señal de su nuevo compromiso.

¿Acaso no quieres un hombre así? Si te estás conformando con menos, deja de sentirte víctima y termina esa relación. Si aún tienes miedo de decir que no, toma un paso atrás y date cuenta de la mala señal que esto es. ¿Qué dice esto de él y de lo que busca?

No necesitas esperar hasta "tener una gran autoestima" para empezar a decir que no, porque es precisamente al decir que no, que lograrás respetarte a ti misma. Gánatelo. Si constantemente te preocupas de que un chico te rechace, a menos de que le des algo sexual, estás perdiendo la oportunidad de invitarlo a ser un hombre. Es precisamente aquí, donde crees que tu debilidad es más grande, donde realmente tienes más poder.

"Los chicos mayores son más maduros"
Alguien recientemente me dijo que escuchó a un chico decir: "Ya conseguimos a todas las del último y penúltimo grado, ahora vamos a desvirgar a las de décimo y noveno". Claro, no todos los chicos mayores son así. Pero muchos sí lo son. El chico halagará a la chica con su atención, y mientras ella está ocupada pensando "qué lindo es conmigo", él lentamente está desgastando su inocencia.

La chica piensa que ella es realmente especial por salir con un chico tan maduro, y probablemente no tenga la autoestima y seguridad necesarias para rechazar sus avances sexuales. Hasta puede llegar a pensar que ella se lo debe porque él está dispuesto a salir con ella. Usualmente ella sale lastimada porque está tratando de encontrar el amor y la aprobación que su papá nunca le dio.

Mirando hacia atrás, me doy cuenta que la ausencia de un papá en mi vida me hizo más vulnerable a salir con chicos mayores porque deseaba la seguridad, protección y afecto que pensé que me podían ofrecer. Pero si hubieran sido tan maduros como pensaba que eran, probablemente hubieran estado saliendo con chicas de su edad.

Piénsalo: Como una chica en el último grado, ¿invitarías a un chico de noveno al baile de la escuela? La mayoría de las chicas se reirían de la idea, pero nos sentimos halagadas cuando se voltea la situación. Lo mismo va para chicos universitarios que buscan a chicas de la preparatoria. Cuando estés en la universidad, ¿planeas perseguir a chicos de preparatoria?

"Yo lo cambiaré"

Kristen nos mostró orgullosa su más reciente anillo de promesa con diamante que le regaló Nick. Nick y Kristen eran uña y mugre, y parecían prácticamente casados cuando estaban en la preparatoria. Yo sabía que él la había engañado dos veces y pensaba: "Qué idiota es ella". Luego volteé a ver el anillo de promesa en mi mano y pensé: "Qué idiota soy yo".

Las dos estábamos con novios perdedores, pero seguíamos con ellos. Quizás seguíamos con ellos porque, si los dejábamos, tendríamos que admitir los grandes errores que habíamos cometido con ellos. Quizás seguíamos por lástima, pensando que podríamos rescatarlos de sus problemas. Quizás realmente estábamos enamoradas de alguien que existía solamente en nuestra imaginación. Quizás eran todas estas cosas, agravadas por nuestro anhelo de ser deseadas por alguien.

Cualquiera que haya sido la razón, intentamos jugar a ser las heroínas y acabamos siendo fichas del juego. No logramos arreglar a ninguno de los chicos, pero las dos necesitamos de mucha sanación cuando todo terminó. Confundimos su afecto físico con amor y nos convencimos que su posesividad era una señal de fidelidad. En realidad, un chico que trata de controlar a una chica es un chico inseguro. Solo está tratando de obtener el control de su propia vida a costa de la chica. Entre más lo negaba, y dejaba que siguiera, más profundas se hacían las heridas.

Parecía que entre más sexuales nos volvíamos con ellos, menos satisfechas estábamos. Siempre nos quejábamos de que los chicos usan a las chicas por cuestiones sexuales, pero nosotras éramos igual de culpables al usar las cuestiones sexuales como una manera de controlar y mantener al chico. Podíamos usarlo para ganar su atención, desquitarnos, o reparar nuestra autoestima lastimada. Cuando eso no funcionó, y el sexo no los mantenía ni nos daba poder, solo nos quedaba culparnos a nosotras mismas.

Buscamos valor propio en los brazos de los chicos y nos quedábamos sintiendo como joyas desechadas.

Luego de pasar por todo esto, descubrí que nunca te debes comprometer con un chico—ni en el noviazgo, ni en el matrimonio—con la esperanza de que él cambie. Comprométete con un chico sólo si lo quieres tal y como es. De otra manera, te estás comprometiendo con un hombre imaginario.

Muchas mujeres arrastran malas relaciones por muchos años, temiendo lo que el chico se hará si no hay alguien allí para rescatarlo. Si un chico empieza a tomar, drogarse o algún otro comportamiento destructivo para arreglar las dificultades de la vida, no es tu culpa. No es tu responsabilidad protegerlo de sí mismo. Después de todo, ¿cómo se supone que te va a cuidar a ti, si no puede ni cuidarse a sí mismo?

"No lo volverá a hacer"

"Lo siento mucho, cariño. Tú eres la que realmente amo. No sé qué estaba pensando". Él sabía qué decir para recuperarla: aumentaba la culpabilidad, le recordaba de los buenos tiempos, y se ponía todo triste. Y funcionaba. Mi amiga Alicia descubrió que su novio la engañaba, y volvió a acostarse con él esa misma noche. Así como él usó su carisma para manipular sus inseguridades y recuperarla, ella usó el poder del sexo como manera de recuperar su lugar. Por supuesto, eventualmente él se fue.

Qué precio tan enorme pagó. ¿Y para qué? ¿Por su imagen? ¿Por "seguridad" emocional? Fue por nada. Mantenerse con él era como tratar de mantener arena entre los dedos. Ella inventó miles de pretextos en su mente acerca de por qué él no contestaba el teléfono, o por qué su versión de lo que había hecho con sus amigos los sábados por las noches no coincidía con las de ellos. Cuando le preguntaba, él le hacía pensar que ella estaba loca, y luego cambiaba de tema cuestionando la fidelidad de *ella*.

Muchas chicas salen con chicos tipo Don Juan y tratan de complacerlos para ganarse su respeto. Pero esas chicas nunca son respetadas. Los hombres respetan a las mujeres que no tienen miedo de tener estándares.

Cuando una chica decide no tener estándares, se engancha con un chico infiel y lo justifica al decir: "Realmente soy una persona compasiva" o "Solo quiero que esté feliz". Lo que realmente está haciendo es dándole cosas sexuales para tener a alguien el día de San Valentín. Cuando una chica está desesperada, supone que tener a un mujeriego es mejor que no tener a nadie. Es muy triste, porque Dios quiere que las mujeres tengan algo mucho mejor. Si no confiamos en Él, nos perdemos de eso.

Todas hemos escuchado a amigas que dicen: "No te acerques a él. Está jugando contigo y solo busca una cosa". La chica responde diciendo: "Solo estás celosa porque yo le gusto y tú no". Ella piensa: "Ya verán. Yo soy diferente a las chicas de su pasado".

Debemos deshacernos de nuestras inseguridades, insensatez y de nuestro orgullo, y rezar para pedir sabiduría.

Es fácil saber cuando una amiga debe dejar una relación. Pero es mucho más difícil cuando tú eres esa chica. ¿Cómo saber cuándo terminar con tu novio? Aquí hay una lista confiable para saber cuándo cortarlo:

- Has tenido que decirle más de una vez que se detenga.
- Sientes la necesidad de "arreglarlo".
- Está metido en la pornografía.
- Te golpea, empuja o hace cualquier otra cosa que te dé miedo.
- Se emborracha o toma drogas.
- No le importa que le mientas a tu familia.
- Te aleja de Dios.
- Te insulta (aunque luego diga que "solo está bromeando").
- Te engaña.
- Te miente.
- Coquetea con otras chicas.
- Te hace sentir culpable para conseguir que hagas lo que quiere.
- Siempre te reclama el tiempo que pasas con tus amigos y familiares.

- Se porta de mal manera y luego culpa a otras personas o cosas de lo que le ha pasado.
- No puede ser independiente sin ti.
- No puedes ser firme y mantenerte pura con él.

Estas no son faltas pequeñas. Son señales de problemas mayores que pudieran ser desastrosos en un futuro matrimonio. Si *alguna* de estas se aplica a él, termina la relación *inmediatamente*.

Una manera de terminar es hablar con él mientras tienes a una amiga a tu lado apoyándote. Otra manera es escribirle una larga carta. Una carta te permite asegurarte de que él sepa tus razones. Si alguna se le olvida, puede tener la carta como referencia. Quizás trate de manipularte para que te quedes, pero debes mantenerte firme. Piensa en todas la veces que debiste ser firme con él y desquítate de todas en una carta.

Mientras tanto, permanece fuerte. No hagas nada físico con él. No se besen. No se tomen de la mano. No hagan nada. Este hombre no es tu esposo y tus afectos no le pertenecen. Cualquier afecto que le demuestres está provocándolo. Aférrate a Dios, a tus buenos amigos y a tu familia mientras te desprendes de él. Tú lo vales.

"No puedo estar sola"
"Hemos pasado por tanto, y hemos llegado tan lejos. No quiero dejarlo".

Nosotros habíamos terminado más veces de las que puedo contar, pero siempre acabábamos volviendo a la misma relación. Estábamos indecisos y confundidos. Era obvio que ninguno de nosotros era libre.

Solo una persona que es libre puede dar el don del amor. Así como algunos chicos están esclavizados por sus hormonas, yo estaba esclavizada por el miedo de estar sola. Me sentía sola cuando estaba con él, así que no quería ni imaginar qué tan sola me sentiría sin él. *Pero aguantar casi todo para evitar enfrentar tus miedos no es amor.*

Mientras los hombres usualmente determinan su valoración personal por sus logros, las mujeres usualmente miden la suya por la calidad de sus relaciones personales. Si sus relaciones son malas, se sienten mal. Eso no quiere decir que a los hombres no les afectan sus relaciones, pero generalmente son más desapegados.

Lo que esto significa para las mujeres es que somos más propensas a formar lazos íntimos con la gente, y por eso corremos el riesgo de determinar nuestro valor basado en ellos. Podemos lanzarnos a una relación por razones superficiales, en vez de tomarnos el tiempo de buscar las cualidades que queremos en un futuro esposo. Nuestras vidas pueden convertirse en telenovelas de adolescentes, como la mía. Acabé perdiendo amigas por los chicos del momento.

Por más que detestemos la idea de estar solteras, la cosa que tememos más es lo que necesitamos más. No solo *podemos* estar solteras, a veces *deberíamos* estarlo. Si queremos encontrar el amor, necesitamos conocernos a nosotras mismas antes de conocer a alguien más. De otra manera, podríamos acabar tratando de encontrar nuestra identidad en los chicos.

Estar soltera tiene su propósito. Nos hace libres para establecer nuestras metas y sueños en la vida, para saber descubrir cuáles son nuestras pasiones y cómo queremos mejorar el mundo. Nos abre los ojos. Estar soltera no significa estar sola; estar soltera significa tener una oportunidad para aprender a vivir por los demás. No tengas miedo de tomarte un descanso de la cuestión del noviazgo. La verdad es que ser independientes nos hace más atractivas.

Cuando te sientes sola, es fácil creer la mentira de que nadie más se siente sola. Pero te garantizo que algunas de las personas más populares de tu escuela se sienten más solas de lo que la gente se imagina. Todo el mundo creía que mi círculo de amigos era feliz, pero nunca supieron de las drogas, de los problemas de desorden alimenticio, de las píldoras de dieta, de los problemas con la bebida, de las familias divididas, de la falta de aceptación personal, y de los novios infieles.

Si te sientes sola, acércate a Dios para que "descarguen en Él todas sus inquietudes, ya que Él se ocupa de ustedes" (1 Pe. 5:7). Confía en Dios con todo tu corazón y con tu cuerpo. Cuando estés satisfecha con Su amor, podrás aceptar el amor que tiene planeado para ti.

"Mis padres no tienen ni idea"

Yo pensé que estaba engañando a mi mamá, pero solo me estaba engañando a mí misma. Durante años, hice las cosas a mi manera y dije más mentiras de las que puedo contar. Mi estilo de vida demostraba que yo valoraba más la opinión de los chicos que la de mi familia—como si este chico, que había conocido hacía seis meses, me pudiera amar más que mi propia sangre.

De cierta manera, quería que mi mamá supiera lo que estaba pasando, pero yo no quería decirle. Tenía muchísimo miedo a que me castigara con un encierro hasta cumplir los cuarenta años. Lo que es más importante, me aterraba lo que podría pensar de mí.

Claro, mi mamá sabía cómo llevaba mi vida. Ella quería algo mucho mejor para mí, pero cada vez que trataba de ayudarme, yo pensaba que estaba tratando de quitarme algo.

Si quieres cambiar la opinión que tus papás tienen de un chico, todo lo que tienes que hacer es ser honesta cuando se trata de él. Si es un caballero de carácter, pureza, fidelidad y honestidad, esas cualidades serán obvias. En vez de luchar contra tus padres sobre él, trata de ver por qué no les gusta. Quizás tú ya sabes por qué no les gusta y lo estás ignorando. Te rehúsas a verlo como problema y crees que lo puedes cambiar.

Si le estás mintiendo a tu familia y haciendo cosas a escondidas, no esperes que tu novio se gane el respeto de tu familia. Mintiéndoles y yendo en contra de su voluntad solo creas resentimientos.

Cualquier relación divorciada de la influencia y dirección de tu familia es una relación malsana. Así que, entre más pronto establezcas una relación con tus papás, es mejor. Dios promete que si honramos a nuestros padres, el bien vendrá. Fue increíble lo rápido que mis relaciones empezaron a mejorar después de que me di cuenta de esto. Claro, es más fácil decirlo que hacerlo, y yo sé que no todas las familias son perfectas, pero por algún lado tienes que empezar. Si tus papás no te ofrecen guía, encuentra algún adulto a quien le tengas confianza y pídele consejos.

Mientras tanto, toma buenas decisiones con los chicos. Especialmente si provienes de una familia dividida, entiende que las decisiones que tomas ahora en cuanto a los chicos determinarán si algún día podrás darles a tus hijos la paz familiar que nunca tuviste.

"Todo es juego y diversión"

Aún puedo recordar el olor fortísimo a marihuana y cerveza que nos golpeaba al llegar a cada fiesta. El olor era siempre el mismo, al igual que el sonido de la música pulsante que retumbaba en las casas. Los chicos eran los mismos. Las chicas eran las mismas. Las conversaciones al día siguiente eran las mismas: "¡Cuánto tomé anoche!".

Al principio, era muy divertido estar en las fiestas. Cuando no nos sentíamos aceptados por otros, nuestras familias o, incluso, nosotros mismos, el ambiente traía un sentimiento de aceptación inmediata. El problema era que no estábamos lo suficientemente sobrios para saber a quién estábamos aceptando. Yo pienso que eso era lo que lo hacía tan atractivo. Si alguien te acepta con una máscara puesta, al menos te sientes aceptado. Pero, ¿quién sabe si te aceptarían sin la máscara?

Una noche, decidí no tomar sino sentarme a observar todo. Mirando todo desde fuera, la música era hipnotizadora. Todo el ambiente estaba tan oscuro —tal vez porque ninguno de nosotros realmente quería ver aquello con lo que habíamos decidido rodearnos. Los chicos y las chicas estaban unos encima de otros. Una pareja nueva estaba compartiendo un momento íntimo en una silla en el patio, en frente de todos. La gente que estaba bailando estaba básicamente teniendo relaciones sexuales con la ropa puesta, y yo escuché conversaciones como: "Te amo tanto. ¡Qué bueno verte!" Pero el chico estaba tan tomado que, probablemente, estaba viendo tres chicas en vez de una. Con excepción de las peleas ocasionales, todo el mundo se veía muy feliz. Yo observé a un chico acercarse a una chica, mirarla como si fuera un pedazo de carne y decirle alguna broma sexual degradante. Ella se rió tontamente mientras coqueteaba con él, disfrutando de la atención que le daba.

Luego se me ocurrió: ¿Qué tan desesperadas estamos? En la parábola del hijo pródigo, el hijo que se fue ansiaba comer la comida de los cerdos. Bueno, aquí estábamos haciendo lo mismo: siendo degradadas y tomándolo como halago. Lo que antes me parecía atractivo, de repente me llenó de asco. Todo era una mentira. Con una bebida en mano, estábamos tratando de convencer a todo el mundo de que éramos felices, para tal vez creerlo nosotros mismos.

Decíamos que todo era pura diversión, pero cuando llegaba el día siguiente y la diversión había pasado, empezaba el drama: "¿Qué estaba pensando?" Sabíamos todo el tiempo las cosas estúpidas que hacíamos, pero tomábamos para cubrir la vergüenza, y luego culpábamos al alcohol como una manera patética de decir que no era nuestra culpa. Luego, regresábamos a la fiesta para adormecer el dolor de una vida infeliz, y seguía el ciclo.

"Esta vez será diferente"

"Como el perro vuelve sobre su vómito, así el insensato

reincide en su necedad" (Prov. 26:11). No es una imagen bonita, pero encajaba perfectamente. Yo hice las mismas cosas una y otra vez, intentando convencerme que "la próxima vez será mejor. No es gran cosa". ¿Qué no es gran cosa? ¿Mi cuerpo? ¿Mi corazón? Yo sabía que era una cosa de enorme importancia, pero pensaba que yo era la única insatisfecha, así que seguí intentando.

Desafortunadamente, no te puedes esconder de ti misma cuando estás sola. Cuando me acostaba por las noches, sabía que estaba viviendo una mentira. Todos les mentíamos a nuestros padres, pero me tardé algún tiempo en darme cuenta que me estaba mintiendo a mí misma. Entraba a las fiestas y dejaba mi dignidad en la puerta. Bueno, realmente dejaba mi dignidad en mi casa, cuando decidía ir a la fiesta, porque ya sabía lo que me esperaba. Al principio, luchaba contra esto pensando: "Bueno, puedo nada más ir a la fiesta y no tomar. Puedo poner el ejemplo a los demás". Qué ejemplo sería ese: una chica cristiana que necesita rodearse de amigos tomados porque tiene miedo de estar sola. ¡Qué inspiración! Estoy segura de que todos se convertirían.

Yo no estaba yendo a las fiestas por ellos. Tomaba tiempo y esfuerzo el arreglarme y planear las mentiras que contaría a mi familia, para obtener la atención de los chicos con los que sabía que jamás querría casarme. ¿Y por qué me importaba tanto lo que pensaban de mí los chicos borrachos? ¿Por qué debía de destruirme para tener su compañía?

Claro, lo detestaba. Pero pensaba: "Soy adolescente, así es como debe ser". Mi excusa era que no veía otra opción. Pensaba: "¿Se supone que debo quedarme en mi casa todos los sábados por la noche?". No quería perder a mis amigas. No quería estar más sola de lo que ya estaba. Lo que no quería admitir es que ni siquiera mis "mejores" amigas, eran amigas. Pero no tenía a quien más culpar. Nadie más estaba escogiendo ese estilo de vida para mí.

Había una lucha interna en mi conciencia. Quería recuperar el respeto por mí misma, pero tenía miedo del precio que tendría que pagar. Una noche, reuní todos estos pensamientos en una carta para el que sería mi futuro esposo:

Amado,
Es viernes en la noche, mis supuestas amigas se acaban de ir, ¡y me siento increíblemente sola! Sabes, todas vinieron con sus falditas y blusas pegadas, queriendo que fuera con ellas a los antros. Era algo normal para los viernes en la noche. Estaban tomando y tratando de convencerme que fuera, y fue muy tentador. Me sentí jalada en dos distintas direcciones, y, parte de mí, sí quería ir. Pero mi otra mitad sabía lo

que me esperaba allí. No pude. Se fueron de mi casa frustradas y yo podía oírlas decir: "¿Qué? ¿Ahora se cree demasiado buena para andar con nosotras?". Lentamente me estoy empezando a sentir como una extraña para mis amigas. ¿Valdrá la pena todo este sufrimiento, lágrimas y tristeza? ¿Realmente sé lo que estoy haciendo? Yo sé que hay algo mejor que esto, y estoy tratando de encontrarlo. Pero en momentos como éste, es difícil. Estoy rezando por ti.

Quiero que sepas que todo esto lo ofrezco por ti.
Con todo mi amor,
Crystalina

"Nadie sale lastimado"

¿Habrá otra mentira más grande que nos digamos a nosotras mismas? Yo la he dicho un millón de veces. Yo sabía que me estaba lastimando, pero no le hacía caso y actuaba como si fuera invencible. Aun al decirlo, pensaba en las lágrimas que lloraba a puerta cerrada. Trataba de ignorar el dolor que me causaba a mí misma, a mi familia y a mi futuro esposo. No quería ni pensar en Dios y lo que Él sentiría al ver a su hija destruirse lentamente.

Ya sabemos del daño espiritual y emocional que nos causamos, ¿pero qué hay del daño físico? La verdad es que nuestros cuerpos, como nuestros corazones, no están hechos para múltiples parejas sexuales. Estamos hechos para el amor duradero.

Aquí están las razones:

- Entre más parejas sexuales tenga una mujer, más probabilidades tiene de que le dé cáncer cervical. Éste es causado por la enfermedad de transmisión sexual (ETS) más comúnmente transmitida: el virus del papiloma humano (VPH). Pero los condones ofrecen una protección mínima contra el virus porque se contagia en el contacto de piel con piel, desde medio muslo hasta medio abdomen.[6] Cualquier contacto sexual con la piel en esta región, incluyendo contacto de mano a genitales, puede transmitirlo.[7] ¿Qué tan común es éste virus? La Revista de la Asociación Médica Americana reportó que 40% de chicas adolescentes sexualmente activas están actualmente infectadas con el VPH.[8]
- La clamidia puede robarle a una mujer la capacidad de tener hijos. Así como los anticonceptivos hormonales incrementan la posibilidad de contraer ciertas enfermedades venéreas, tomar la inyección (Depo-Provera) triplica tus posibilidades de quedar infectada con clamidia porque interfiere con tu sistema inmunológico.[9] El Instituto Nacional de Salud de EE.UU. ha reportado que los condones no

garantizan prevención en contra de la clamidia.[10]
- Una mujer infectada con herpes lo tendrá por el resto de su vida, y se lo podría pasar a su esposo y a sus hijos. Dado que el uso de condón solo reduce el riesgo de contraer herpes en un 50%[11], el Colegio Americano de Obstetras y Ginecólogos reporta que "el uso de condón no proporciona una protección confiable contra el herpes".[12]
- Ocho de cada diez personas que tienen una enfermedad venérea no saben que están infectados.[13] Un estudio demostró que tres de cada cuatro hombres que sabían que tenían una enfermedad venérea, admitieron haberse acostado con mujeres sin decirles de su infección.[14]

Entonces, ¿por qué nos enseñan el mito del "sexo seguro"? Nos ponen a tomar anticonceptivos para el control de natalidad porque piensan que somos incapaces del autocontrol.

"Es mi cuerpo, es mi decisión"

Yo recuerdo estar sentada sola en mi baño, esperando con angustia para ver si estaba embarazada. Esos sesenta segundos parecían una eternidad. "¡Negativo! ¡Gracias a Dios!"

Ocho años después, y recientemente casada, mi esposo y yo volteamos la prueba, vimos que era positiva, y lloramos de alegría. Qué diferencia hace el sacramento del matrimonio.

En la escuela preparatoria, me moría de miedo cada vez que debía tomarme la prueba del embarazo. La experiencia me traumatizaba por un rato, pero luego regresaba a los mismos malos hábitos. Por miedo, empecé a tomar píldoras anticonceptivas y luego me puse la inyección. Pero algo me pasaba cada vez que me tomaba la pastilla o ponía la inyección. Sentía como si una parte de mí se estuviera muriendo. Supongo que cuando le faltamos el respeto a nuestros cuerpos en una relación, nos volvemos descuidados con nuestros cuerpos de otras maneras. Hasta empezamos a actuar en contra de nuestros cuerpos. Es como si empezáramos a separarnos de nuestros cuerpos.

Ahí estaba yo, de dieciséis años y perfectamente saludable pero tomando drogas para hacerme sexualmente disponible. Las drogas me daban náuseas, me ponían de mal humor o deprimida, y me hinchaban. Recuerdo haberme preguntado a mí misma, una y otra vez: "¿Por qué me hago esto?" Yo sabía que no era lo correcto para mí, pero aun así no tenía respuesta. Solo había confusión y oscuridad. Mi novio no ayudaba en nada cuando decía: "Solo aguanta un poco más, todo va a estar bien". En otras palabras: "No me importa si lastimas a tu cuerpo, si puedo tener sexo sin responsabilidad, la vida es maravillosa". Las compañías de anticonceptivos te dicen que es liberador, pero "esclavizante" sería una mejor descripción.

Los anticonceptivos no solo te ponen en contra de tu propio cuerpo, sino que a veces causan resentimiento contra los hombres en general. ¿Has oído alguna vez a una chica enojada decir: "Los chicos no tienen ni idea de lo que es tener dieciséis años y tener que realizarse una prueba de embarazo"? Es cierto: los chicos probablemente actuarían muy diferente con respecto al sexo si fueran ellos los que pudieran quedar embarazados.

Por otro lado, un hombre nunca sabrá lo que es que su cuerpo se vuelva un tabernáculo de la vida. La fertilidad de una mujer es un don, no una maldición. El canal de *MTV*, la agencia de *Planned Parenthood*, y la revista *Cosmopolitan* nos harán creer que el embarazo es una especie de enfermedad. Promueven un sin fin de inyecciones, parches y pastillas para esterilizarnos.

Nunca nos dicen toda la verdad sobre los anticonceptivos: el riesgo elevado de cáncer de seno.[15] Que la píldora y la inyección frecuentemente provocan abortos cuando el bebé tiene tan solo una semana, y la mamá ni cuenta se da.[16] Muy seguido nos dicen que necesitamos la píldora por razones médicas, sin decirnos que usualmente hay otras alternativas.[17]

Frecuentemente, los anticonceptivos "fallan" por alguna razón, y la mujer se encuentra embarazada, sintiéndose desamparada y sola. Pero aunque no estés casada, el embarazo es siempre un don. Aunque ahorita parezca aterrador, debes saber que Dios tiene una razón para todo. Si te sientes con miedo y sola, y no sabes qué hacer, llama a un centro local de crisis para embarazadas. Ellos te ayudarán a tomar una decisión con la que podrás vivir tranquila.

Tristemente, muchas mujeres jóvenes son animadas por la sociedad a terminar la vida del bebé como una solución rápida. La clínica podrá decir que solo están removiendo tejido, para que regreses a tu vida normal. Pero, ¿dónde estarán ellos en tres años cuando llegue el cumpleaños (que nunca fue) del bebé y tú estés llorando desesperadamente porque él no está ahí?

Si estás tomando píldoras anticonceptivas, déjalas, y en vez de eso, ejerce autocontrol. Si ya estás embarazada, consigue ayuda y protege la vida de tu bebé, no importa lo que diga alguien más. Si ya has sufrido el trauma de un aborto, Dios te ofrece un océano de misericordia. Acércate a Él en la oración, y a través del sacramento de la reconciliación. Ponte en contacto con un programa de sanación post-aborto, tal como el Proyecto Rachel al número de teléfono 1-800-5-WECARE (en EE.UU.), donde puedes hablar con alguien que comprenderá lo que has pasado.

De ahora en adelante, decide vivir una vida pura. Al permanecer pura, estás amando a tu cuerpo, a tus futuros hijos, a tu futuro esposo, y, aún más importante, estás amando a tu Dios.

"Soy mercancía dañada"

Una de cada tres chicas es sexualmente abusada antes de que alcance la edad de dieciocho años.[18] Con frecuencia, estas jovencitas se sienten completamente solas. Quizás haya sido un familiar, el amigo de un hermano, o un completo extraño. Quien sea que haya sido, el abuso físico y emocional deja heridas invisibles que pueden tomar años en sanar. Especialmente, cuando el abuso es sexual, puede causar una profunda falta de confianza y resentimiento hacia el sexo opuesto. A veces, hasta puede crear una aparente necesidad muy fuerte del sexo opuesto.

Con demasiada frecuencia, ya sea por miedo o por vergüenza, la víctima mantiene el incidente en secreto. Los abusadores sexuales se alimentan de este silencio. Es por eso que muchas veces usan la seducción en vez de la fuerza, para que la víctima piense que ella permitió que se aprovecharan de ella.

Ella intentará reprimir los recuerdos, esperando que simplemente desaparezcan. Tal vez tenga miedo de que si la gente se entera de lo que pasó, la desprecien y la traten como mercancía dañada. También podría culparse a sí misma, o empezar a dañar su cuerpo para adormecer el dolor emocional. Debido al sufrimiento, tal vez podría alejarse de Dios y dudar de Su amor. Podría concluir que no es digna de ser amada. Esto es lo más peligroso de todo, porque se podría exponer a relaciones dañinas debido al sentimiento desesperado de que no merece nada mejor.

Si tú has sufrido algún abuso, ten la certeza de que aunque no puedes cambiar el pasado, no puedes permitir que el pasado determine tu futuro. No estás sola. Trata de encontrar a un adulto de confianza y háblalo con él o con ella. O, si quieres hablar anónimamente con alguien que te pueda ayudar, llama al 1-800-448-3000 (en EE.UU.). Es comprensible que las tragedias de la vida nos lleven a dudar de Dios. Pero aun cuando tu fe se esté desvaneciendo, y el amor parezca imposible, no te sueltes de la esperanza. El Papa Juan Pablo II les dijo a los jóvenes: "¡Cuántas heridas llevan en sus corazones, muchas veces causadas por el mundo adulto!"[19] El Santo Padre dijo que él había vivido tiempos de mucha oscuridad, pero agregó: "He visto suficiente evidencia para estar indudablemente convencido de que ninguna dificultad, ningún miedo es tan grande que pueda sofocar la esperanza que brota eternamente del corazón de los jóvenes. ¡No permitan que muera esa esperanza! ¡Afiancen sus vidas en ella! Nosotros no somos la suma de nuestras flaquezas y fracasos; somos la suma del amor del Padre para con nosotros".[20]

Así que no pienses que no vales nada, o que vales menos por algo que pasó en el pasado. No importa qué te haya pasado, todavía te tienes a ti misma para entregarte. Todavía eres una creación única de Dios, hecha *por* amor y *para* el amor —el amor que Dios tiene planeado para ti desde que te creó en el vientre de tu madre. Si estás llamada al matrimonio, al darte completamente a Dios, algún día podrás darte completamente a tu esposo cuando te cases.

"Es demasiado tarde para mí"

Una vez que se va, se va. Eso es todo lo que pasaba por mi cabeza, porque sabía que jamás podría recuperar mi virginidad. Una mala relación llevaba a otra, y con cada ruptura, una desesperación más profunda. Después de varios años de estar en esto, estaba cansada de huir de mi realidad y esconderme de la verdad. Estaba harta de nunca estar en paz.

Se dice que si un cordero constantemente se aleja de la seguridad del rebaño, y se va hacia el peligro, el pastor le rompe las patas y luego lo carga sobre sus espaldas para cuidar de él. Para cuando se le hayan curado los huesos y el cordero pueda caminar de nuevo, ya ha llegado a amar y a confiar en el pastor tanto que nunca más se aleja de su lado. Yo me sentía tan lastimada como el cordero, habiendo tratado una y otra vez de alejarme de Dios, tratando de encontrar el amor que solo Él me podía dar. Por mi propio bien, me permitió tocar fondo.

Sus palabras: "Separados de mí, nada pueden hacer" (Juan 15:5), nunca habían estado más claras para mí. Hasta entonces, había pensado que sin un chico no podía hacer nada. Pero me di cuenta de que el afecto de ningún hombre puede reemplazar la seguridad de conocer el amor de Dios.

Una y otra vez me dije que "era demasiado tarde para mí", pero me di cuenta que era un pretexto, una excusa para evitar el reto de restaurar el respeto por mí misma. Mi flojera y mi orgullo eran lo que verdaderamente me detenía.

También demostraba que no me había perdonado a mí misma. Pero todos en el mundo tienen cosas de su pasado que quisieran borrar. Aquellos que viven grandes vidas son los que aprenden de los errores en vez de repetirlos y dejarse vencer por ellos.

Así que ten confianza en ti misma, y ten fe en Dios. Los remordimientos de tu pasado podrán parecer aplastantes, pero el amor de Dios es más grande.

"¿Que chico bueno me podría querer a mí?"

Sucia. Si hay una palabra que captaba lo que temía que la gente pensara de mí, era esa. Cuando conocí a mi futuro esposo, y supe que él todavía era virgen, todas las dudas del mundo me atormentaban: "De ninguna manera él querrá pasar el resto de su vida con alguien como yo. Si tan solo supiera todo lo que he hecho en años pasados, huiría de mí".

Pero no lo hizo. El día que le conté sobre mi pasado fue uno de los más difíciles de mi vida. Fue solo entonces, al mirar sus ojos compasivos, que entendí la magnitud de lo que había regalado. De vez en cuando, todavía derramo algunas lágrimas, pero aprendí que vivir la pureza es verdaderamente sanador y que nadie es más generoso que Dios. Ahora, la manera en que me mira mi esposo es un recordatorio de que es verdadera la promesa de Jesús: "Yo hago nuevas todas las cosas" (Apoc. 21:5).

Aún en medio de todas mis malas relaciones, yo sabía, en lo más profundo de mí ser, que Dios quería algo diferente para mí. Pero yo no confiaba en Él. Deseaba amor, pero parte de mí me decía que olvidara el cuento de hadas: "Abandónalo. No hay chicos buenos. Y si los hubiera, no te querrían a ti". Es irónico decir en un minuto que ningún chico querría a una chica pura, y al minuto siguiente estamos diciendo que ningún chico nos querría porque no somos puras.

Entonces, ¿qué buen chico te querría a ti? Para empezar, Jesús. Con Él no existe el temor de no ser amada. Mientras la mayoría de las chicas son llamadas a la vida en matrimonio, nuestros corazones deben estar abiertos al llamado de ser la esposa de Cristo en la vida religiosa. Todas deseamos amor conyugal, y Él es un esposo que siempre nos recibirá.

Los planes de Dios para nosotros son infinitamente más grandes que cualquier cosa que podamos imaginar. No importa lo que hayamos hecho. Lo único que importa es adónde vas de ahora en adelante. Como dijo la Madre Teresa: "Él te ama, pero aún más, te desea. Te extraña cuando no te acercas. Tiene sed de ti. Te ama siempre, aun cuando no te sientes digna. Cuando no te aceptan lo demás, incluso cuando tú no te aceptas, Él es el que siempre te acepta. Solo tienes que creer que eres preciosa para Él. Pon todo tu sufrimiento a sus pies, solo abre tu corazón para ser amada así como eres. Él hará el resto".[21]

"Es imposible mantenerse pura"

Yo rara vez rezaba, me rodeaba de los amigos equivocados, salía con chicos tipo Don Juan y me sorprendía de que me fuera tan difícil ser pura. Si en realidad deseamos ser puras, necesitamos saber que no es la ausencia de sexo lo que nos hace puras. Es el deseo cotidiano de glorificar a Dios con nuestros cuerpos.

Así que si has tenido otro estilo de vida en el pasado, y estás lista para algo nuevo, dale la oportunidad a la castidad. Adopta la mentalidad de una chica que dijo:

"Sí, la atención de los chicos se siente bien, pero saber que soy demasiado buena para la mayoría de ellos se siente aún mejor".

Es un estilo de vida que ilumina todo lo que hacemos, desde la manera en que nos vestimos hasta la manera en que bailamos, y los lugares donde vamos los viernes por la noche. Es vivir con un propósito claro, en vez de ser pasiva y constantemente sorprendida o decepcionada del porqué no encontramos el amor. Claro, es un estilo de vida difícil. Pero el reto de la pureza desarrolla en nosotros el carácter y la integridad que los buenos hombres buscan en una esposa. Además, los sacrificios que hacemos ahora nos entrenan para los sacrificios que mantienen unido a un matrimonio.

Cuando Dios nos llama a vivir de cierta manera, siempre nos da los medios que necesitamos para hacerlo. Así que Jesús nos dejó los sacramentos de la reconciliación y de la Eucaristía. Yo cumplí con aprender sobre ellos en la Iglesia o en la escuela, pero a mí me parecían requisitos pesados o rituales aburridos. En cuanto a la confesión, me aterraba a morir, así que la evitaba como a la plaga. Pero al final solo estaba huyendo de la misericordia de Dios.

Me quejaba que era muy difícil ser pura mientras me rehusaba a usar los dos apoyos que Dios me había dado. Fue solo con el poder de la misa, y la gracia que viene de la confesión, que pude empezar de nuevo sin mirar atrás. Después de confesarme, tuve una paz que ninguna relación había podido ofrecerme. En vez de ser una ocasión de vergüenza, el sacramento se volvió una experiencia de alegría. Mi vida de oración se volvió cada vez más profunda y empecé a tener una devoción especial a la Virgen María, la imagen de la mujer perfecta a los ojos de Dios.

Un hombre dijo acerca de María: "Ella es a quien ama cada hombre cuando ama a una mujer—así lo sepa o no. Ella es lo que cada mujer quiere ser cuando se vea a sí misma. Ella es la mujer ideal con quien se casa cada hombre al tomar una esposa; ella es el deseo secreto que tiene cada mujer de ser honrada y cuidada, ella es la manera en que cada mujer exige respeto y amor por la belleza de su bondad, de su cuerpo y de su alma".[22]

Dicho y hecho, después de que me casé, mi esposo me dio una carta que había escrito de adolescente para la que sería su futura esposa. En ella, decía que él ansiaba el día en que la conociera y que tenía la esperanza de que fuera una mujer con amor hacia la Virgen María.

Si nunca has tenido una devoción especial hacia María, empieza pidiéndole que interceda por ti para obtener la gracia de la pureza. Con gracia, verás que una vida pura no es una vida de santurrona. Es la vida de una mujer pura, enamorada de su Dios y llena de esperanza.

Como hijas del Rey de los Cielos, que nuestro único deseo sea igual al de Santa Faustina: "De hoy en adelante, voy a intentar tener la más grande pureza del alma, para que los rayos de la gracia de Dios sean reflejados en todo su esplendor. Yo ansío ser un cristal para así encontrar favor ante sus ojos".[23]

Oración diaria a María

(María no solo nos ha dado a Jesús, sino que Jesús nos ha dado su madre, María, para ser *nuestra* madre. No existe temor, profunda soledad o deseo que ella no haya experimentado. María entiende nuestras necesidades como mujeres porque ella también es una, y está siempre dispuesta a ayudarnos).

María, hija amorosa de Dios Padre, a ti te confío mi alma. Protege la vida de Dios en mi alma. No permitas que la pierda a causa del pecado. Protege mi mente y mi voluntad para que todos mis pensamientos y deseos sean agradables a Dios.

Dios te salve, María, llena eres de gracia, el Señor es contigo. Bendita tú eres entre todas las mujeres y bendito es el fruto de tu vientre, Jesús. Santa María, Madre de Dios, ruega por nosotros los pecadores, ahora y en la hora de nuestra muerte. Amén.

María, Madre amorosa del Hijo, a ti te confío mi corazón. Permíteme amarte con todo mi corazón. Permíteme siempre tratar de amar al prójimo. Y ayúdame a evitar amigos que puedan alejarme de Jesús y llevarme hacia una vida de pecado.

Dios te salve, María, llena eres de gracia, el Señor es contigo. Bendita tú eres entre todas las mujeres y bendito es el fruto de tu vientre, Jesús. Santa María, Madre de Dios, ruega por nosotros los pecadores, ahora y en la hora de nuestra muerte. Amén.

María, esposa amorosa del Espíritu Santo, a ti te confío mi cuerpo. Permíteme siempre recordar que mi cuerpo es un hogar para el Espíritu Santo, quien vive en mí. Permíteme nunca más pecar contra Él con acciones impuras, sola o con otros.

Dios te salve, María, llena eres de gracia, el Señor es contigo. Bendita tú eres entre todas las mujeres y bendito es el fruto de tu vientre, Jesús. Santa María, Madre de Dios, ruega por nosotros los pecadores, ahora y en la hora de nuestra muerte. Amén.

San José, ruega por nosotros.

San Rafael Arcángel, ruega por nosotros.

Santa María Goretti, ruega por nosotros. Amén.

1. Wendy Shalit, *Retorno a la modestia, A Return to Modesty*, New York, Simon and Schuster, 1999, p. 36.
2. Sagradas Escrituras, Biblia Clerus, Congregación para el Clero, Santa Sede Vaticano, 2004, Clerus.org.
3. cfr. Dannah Gresh, *Guardián del secreto, Secret Keeper*, Chicago, Moody Press, 2002, p. 21.
4. Eric and Leslie Ludy, *Cuando Dios escribe tu historia de amor*, Nashville, Thomas Nelson, 2006, p. 109.
5. Joyce L. Vedral, *Novios: conseguirlos, retenerlos, vivir sin ellos, Boyfriends: Getting Them, Keeping Them, Living Without Them*, New York, Ballantine Books, 1990, p. 71.
6. cfr. Institutos Nacionales de la Salud, *Evidencia científica de la efectividad del condón para la prevención de enfermedades de transmisión sexual (ETS), Scientific Evidence Inn Condom Effectiveness for Sexual Transmitted Disease (STD) Prevention*, junio, 2000, No. 26, Cámara de Representantes, *Acta de1999 sobre la Prevención y Tratamiento del Cáncer de Seno y Cervical, Breast and Cervical Cancer Prevention and Treatment Act of 1999*, noviembre 22, 1999.
7. Winer, et al., "Infección genital con el virus de papiloma humano: incidencia y factores de riesgo en un grupo de estudiantes universitarias", "Genital Human Papillomavirus Infection: Incidence and Risk Factors in a Cohort of Female University Students", *Revista Americana de Epidemiología, American Journal of Epidemiology*, No. 157:3, 2003, p. 218-226; C. Sonnex, et al., "Detección de ADN del virus de papiloma humano en los dedos de pacientes con verrugas genitales", "Detection of Human Papillomavirus DNA on the Fingers of Patients with Genital Warts", *Infecciones de Transmisión Sexual, Sexually Transmitted Infections*, No. 75, 1999, p. 317-319.
8. Dunne, et al., "Prevalencia de infección del VPH entre las mujeres en Estados Unidos", "Prevalence of HPV Infection Among Females in the United States", *La Revista de la Asociación Médica Americana, The Journal of the American Medical*

Association, No. 297:8, febrero 2007, pp. 813-819.

9 cfr. Charles S. Morrison et al., "Uso de anticonceptivos hormonales, ectopia cervical, y adquisición de infecciones cervicales", "Hormonal Contraceptive Use, Cervical Ectopy and the Acquisition of Cervical Infections", *Enfermedades de Transmisión Sexual, Sexually Transmitted Diseases,* No. 31:9, septiembre 2004, pp. 561-567; Baeten, et al., "Anticonceptivos hormonales y riesgo de contraer enfermedades transmitidas sexualmente: resultados de un estudio prospectivo", "Hormonal Contraception and Risk of Sexually Transmitted Disease Acquisition: Results from a Prospective Study", *Revista Americana de Ginecología y Obstetricia, American Journal of Obstetrics and Gynecology,* No. 185:2, agosto, 2001, pp. 380-385; Blum, et al.,"Anticuerpos antiespermios en jóvenes usuarias de anticonceptivos orales", "Antisperm Antibodies in Young Oral Contraceptive Users", *Avances en Anticonceptivos, Advances in Contraception,* No. 5, 1989, pp. 41-46; Critchlow, et al., "Determinantes de ectopia cervical y de cervicitis: edad, anticonceptivos orales, infección cervical específica, fumar y lavado vaginal", "Determinants of Cervical Ectopia and of Cervicitis: Age, oral contraception, specific cervical infection, smoking, and douching", *Revista Americana de Ginecología y Obstetricia, American Journal of Obstetrics and Gynecology,* No. 173:2, agosto, 1995, pp. 534-543; Ley, et al., "Determinantes de infección genital del virus de papiloma humano en mujeres jóvenes", "Determinants of Genital Human Papilloma Virus Infection in Young Women", *Revista del Instituto Nacional del Cáncer, Journal of the National Cancer Institute,* No. 83:14, julio, 1991, pp. 997-1003; Prakash, et al., "El uso de anticonceptivos orales altera la regulación del receptor chemoquina CCR5 en células T CD4(+) del epitelio cervical en mujeres sanas", "Oral contraceptive use induces upregulation of the CCR5 chemokine receptor on CD4(+) T cells in the cervical epithelium of healthy women", *Revista de Inmunología Reproductiva, Journal of*

Reproductive Immunology, No. 54, marzo, 2002, pp. 117-131; Wang, et al., "Riesgo de infección con VIH en usuarias de píldoras anticonceptivas orales: un meta-análisis", "Risk of HIV Infection in Oral Contraceptive Pill Users: a meta-analysis", *Revista de Síndromes de Inmunodeficiencia Adquirida, Journal of Acquired Immune Deficiency Syndromes,* No. 21:1, mayo, 1999, pp. 51-58; C.Fr. Yovel, et al., "Los efectos del sexo, el ciclo menstrual y los anticonceptivos orales en el número y actividad de las células asesinas naturales", "The Effects of Sex, Menstrual Cycle, and Oral Contraceptives on the Number and Activity of Natural Killer Cells", *Oncología Ginecológica, Gynecologic Oncology,* No.81:2, mayo, 2001, pp. 254-262; Lavreys, et al., "Los anticonceptivos hormonales y el riesgo de infección con VIH-1: resultados de un estudio prospectivo de 10 años", "Hormonal Contraception and Riskof HIV-1 Acquisition: Results from a 10-year Prospective Study", *AIDS 18:4,* marzo, 2004, pp. 695-697.

10 cfr. Institutos Nacionales de la Salud, *"Evidencia científica de la efectividad del condón para la prevención de enfermedades de transmisión sexual (ETS)",* *"Scientific Evidence on Condom Effectiveness for Sexual Transmitted Disease (STD) Prevention",* www.niad.nih.gov/dmid/stds/condomreport.pdf

11 Shlay, et, al., "Comparación de la prevalencia de enfermedades de transmisión sexual de acuerdo al nivel reportado en el uso de condón entre los pacientes atendidos en una clínica urbana para enfermedades de transmisión sexual", "Comparison of sexually transmitted disease prevalence by reported level of condom use among patients attending an urban sexually transmitted disease clinic", *Enfermedades de Transmisión Sexual, Sexually Transmitted Diseases,* No. 31: 3, 2004, pp. 154-160; Wald, et al., "La relación entre el uso del condón y la infección del virus de herpes simple", "The relationship between condom use and herpes simples virus acquisition", *Anales de Medicina Interna, Annals of Internal Medicine,* 143:10, 2005, pp. 707-713.

12 Colegio Americano de Ginecólogos y Obstetras, American

College of Obstetricians and Gynecologists, *Problemas ginecológicos: herpes genital, Gynecologic Problems: Genital Herpes*, diciembre, 1985.

13 cfr. Joe Mc Ilhaney, *Sexo seguro, Safe Sex*, Grand Rapids, Mich., Baker Books, 1992, p. 23.

14 cfr. Thomas Lickona, *Sexo, amor y tú: guía de estudio, Sex, Love and You: Study Guide*, Notre Dame, Ind., Ave Maria Press, 2003, p. 14.

15 cfr. Chris Kahlen born, MD, et al., "El uso de anticonceptivos orales como un factor de riesgo en el cáncer premenopáusico de seno: un meta-análisis", "Oral Contraceptive Use as a Risk Factor for Premenopausal Breast Cancer: A Meta-analysis", *Procedimientos de la Clínica Mayo, Mayo Clinic Proceedings*, 81:10, Octubre, 2006, pp. 1290-1302; Grupo colaborativo de factores hormonales en el cáncer de seno, Collaborative Group on Hormonal Factors in Breast Cancer, "Cáncer de seno y anticonceptivos: reanálisis colaborativo de datos individuales en 53 297 mujeres con cáncer de seno y en 100 239 mujeres sin cáncer de seno a partir de 54 estudios epidemiológicos", "Breast cancer and hormonal contraceptives: collaborativere análisis of individual data on 52,297 women withbreast cancer and 100,239 women with outbreast cancer from 54 epidemiological studies", *Lancet*, No. 347, junio, 1996, pp. 1713-1727; Organización Mundial de la Salud, World Health Organization, "Programa monográfico de IARC encuentra que los anticonceptivos combinados estrógeno progesterona y la terapia de menopausia son cancerígenos para los seres humanos", "IARC Monographs Programme Finds Combined Estrogen-Progestogen Contraceptives and Menopausal Therapy are Carcinogenic to Humans", *Agencia Internacional para la Investigación del Cáncer, International Agency for Research on Cancer*, Comunicado de Prensa No. 167, 29 de julio de 2005.

16 cfr. *Referencia de escritorio para médicos, Physicians' Desk Reference*, pp. 2414, 2626, 2411; Larimore, et al., "Efectos

postfertilización de los anticonceptivos orales y su relación con el consentimiento informado", "Postfertilization Effects of Oral Contraceptives and Their Relationship to Informed Consent", *Archivos de Medicina Familiar, Archives of Family Medicine,* No.9, 2000, pp. 126-133.

17 Visitar: www.naprotechnology.com o buscar en el directorio de NFP en: www.omsoul.com.

18 cfr. Diana Russell, "La incidencia y prevalescencia del abuso sexual intrafamiliar y extrafamiliar en niñas", "The Incidence and Prevalence of Intrafamilial and Extrafamilial Sexual Abuse in Female Children", en *Manual de abuso sexual a menores, Handbook on Sexual Abuse of Children,* ed Lenore Walker, New York, Springer Publishing Co., 1998.

19 Juan Pablo II, dirigido a la juventud de Roma y Lazio, 1 de abril, 2004.

20 Juan Pablo II, homilía de la Misa de Clausura por el Día Mundial de la Juventud, 28 de julio, 2002.

21 Madre Teresa, tal como se expresó en Nuestro Visitante Dominical (*Our Sunday Visitor*), 21 de septiembre de 1997.

22 Fulton Sheen, *El primer amor del mundo, The World's First Love,* San Francisco, Ignatius, 1996), p. 10.

23 Santa María Faustina Kowalska, *Diario: divina misericordia en mi alma, Diary: Divine Mercy in My Soul,* Stockbridge, Mass., Marians of the Immaculate Conception, 2002, p. 318.

Recursos adicionales para la castidad

AMOR PURO
POR: JASON EVERT

FEMINIDAD PURA
POR: CRYSTALINA EVERT

MASCULINIDAD PURA
POR: JASON EVERT

Para hacer pedidos, visite la tienda virtual en www.chastityproject.com. Ofrecemos descuentos por volumen.

Printed by Libri Plureos GmbH in Hamburg, Germany